Mut zum Leben

Trotz alledem
und einfach teilen,
was Mut macht,
mit dem Mutlosen

Band 2

Karin Hartel

die sich mutig
an Vergangenes erinnert,
freudig auf die
Zukunft schaut
mit Texten von A bis Z

Impressum:
Verlag: BoD · Books on Demand GmbH,
In de Tarpen 42, 22848 Norderstedt, bod@bod.de
Druck: Libri Plureos GmbH, Friedensallee 273,
22763 Hamburg
ISBN: 978-3-7534-5850-2
Januar 2025

www.kunstvomhof.de
kaha.bsb@t-online.de

Dieses Buch ist auch als E-book erhältlich
Lektorat: www.lektorat-waldeule.com

Bilder: Birgit I.Hartl
www.wirretante.de
Einige der Originalbilder,
kann man noch kaufen,
in Farbe natürlich.

Wunderbare Naturfotografien von
Lilo Hartl sind bei facebook
zu bewundern.

Mut zum Leben

Wer sich gute Gedanken macht,
sollte darüber reden.

Man kann sich auch in der Fülle
vollkommen leer fühlen.

Eine fast persönliche Botschaft.

Mut haben
in einer Zeit,
in der das
Lesen einer Zeitung,
das Ansehen
einer Nachrichtensendung,
der ganz reale Wahnsinn,
einem den Atem nimmt?

Ja, denn die Welt
braucht Mutige
die aufstehen!

Austausch

Ein wenig Austausch mit
Gleichgesinnten
macht jeden Tag
zu einem Erlebnis.

Lasst uns über Gärten plaudern,
über die Fülle der Natur,
lasst uns gemeinsam
gute Laune verbreiten.
Machen wir uns gegenseitig
Mut für unser Tun.

Berauschend

Berauschend,
das Meer an Blüten.

Berauschend,
die fast zu grelle Farbenpracht.

Berauschend,
deine unendliche Liebe.

Berauscht
vom eigenen Mut
vollbringen wir
große Taten.

Begeisterung

Die Begeisterung,
die ein Lehrer
in einem Schüler
wecken kann,
hält im besten Fall
ein Leben lang.

Mut andere
mit der eigenen
Begeisterung
anzustecken.

Danke Fräulein Wittmann
(Schillerschule Haßloch)
und Herrn Cavalar
(Hauptschule Deidesheim),
die mir die Begeisterung für
Mathematik geschenkt haben.

Brutale Natur

Die
Buchsbaumhecke
graubraun,
traurig, zerfressen,
zum Sterben schön.

Die Verästelungen so fein,
so schön verteilt,
von der Natur,
der guten.

Ist sie denn gut,
die Natur?
Die Brutale,
in der es so viel
Sterben gibt.

Mut, zur Realität.

Bewegend begreifen

So lange Du nicht begreifst,
was Dich glücklich macht,
kannst Du Dein Glück
nicht suchen.

So lange Du in einer
Position verweilst,
die Dir Schmerzen bereitet,
kannst Du nicht gesund werden.

Mut,
zur Bewegung,
zum Begreifen,
zur Veränderung.

Dankbarkeit

Das ist die Sache,
die hinter Dir her schleicht
und Dir ein saugutes Gefühl gibt.

Mut, auch mal
hinter sich zu schauen
auf der Suche
nach Gutem.

Demut
lernt sich nicht
ohne Schmerzen.

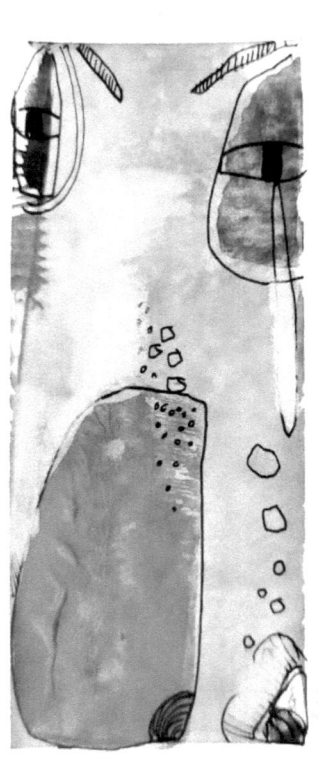

Erfolg

Erfolg wächst nicht auf Bäumen,
aber er lässt sich züchten.

Mut, an den
eigenen Erfolg
zu glauben,
egal wie weit,
der Weg ist.

Echte Freunde,

freuen sich an meiner Freude,
trauern mit mir um Verluste,
hoffen mit mir auf Unerwartetes,
geben mir die Freiheit, echt zu sein.

Mut, Echtes zu erkennen.

Fernweh

Du bist mir so fern,
es tut nicht mal weh.
Gedanken, Gefühle neutral.

Mut, schmerzlos
Abschied zu nehmen.

Folgen

Folgenschwer
das Leben ?

Oder folgt das Leben
nicht viel mehr
der Leichtigkeit
des Seins,
des
einfachen Seins,
ohne wenn
und aber?

Mut, die Folgen
des Handelns
als natürlich
zu betrachten
und nicht als
Strafe Gottes.

Gute Nachbarn

Gute Nachbarn zu haben,
ist ein Reichtum,
den man
nicht kaufen kann.

Mut machen
ohne Manipulation
Mut machen
auf die göttliche
Stimme zu hören.

o x o
***

Gemeinsam

Gemeinsam
kann man
besser
lachen

Mut zur Gemeinsamkeit

Guter Wille

Man kann aus allem
etwas Gutes machen,
wenn man
guten Willens ist.

Mut zum
guten Willen
und an ihn glauben.

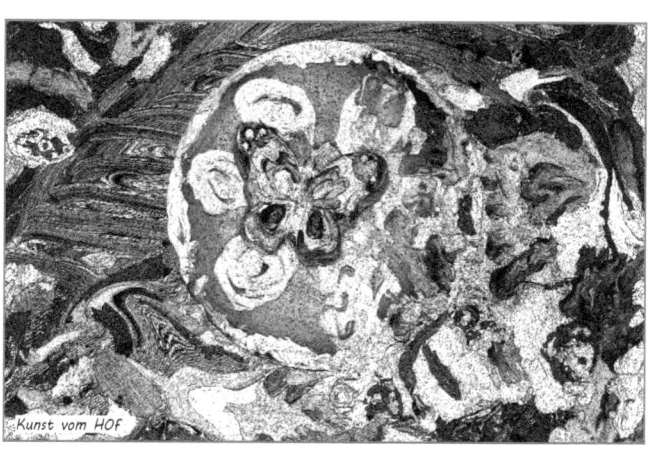

Schmetterling Keramik Nicoletta Grozavu

Glauben

Ich glaube daran,
dass, wenn wir teilen,
was wir lieben,
alles gut werden kann.

Mut zum Teilen.

Foto:

Hindenken

Ich denke mich hin
in den Zustand des Friedens.

Ich denke mich hin
in die Arme des Liebsten.

Ich denke mich hin
wo ich gerne wäre
und bleibe da
wo ich sicher bin.

Mut,
auch mal
unmutig zu sein.

Ich hab noch eine Tante in Berlin

Seltsam. Ich weiß gar nicht, ob diese alte Tante noch lebt. Seit ich sie besuchte, das ist nun....
Jetzt haben wir 2015 und ich war 16 Jahre alt, als ich sie besuchte. Also vor 38 Jahren atmete ich das erste Mal Berliner Luft.

Meine Großtante mochte ich ganz gerne. Mir fiel aber mehrfach die Klappe herunter, als ich sie in ihrer eigenen Welt erlebte und ich sie danach mit ganz anderen Augen betrachtete.
Ihre Welt bestand aus edlen Kleidern und Tanzkaffees.

Zu uns reiste sie in ärmlichen Klamotten an und ging mit meiner Mutter fleißig in die Kirche. Deutlich höre ich noch ihre Stimme, wenn sie zu meiner Mutter sagte: „Komm Friedchen, lass uns zusammen beten …"

Mutter war damals sehr religiös
und genoss es, wenn sie in
Gemeinschaft beten konnte
um all ihre Sorgen los zu werden.

Unsere Tante merkte, wie sehr uns
Kindern die Andachten, das Beten,
all die Frömmigkeit auf den Geist gingen.
Der Zug mit dem wir gen Osten fuhren,
war noch nicht aus der heimatlichen
Umgebung gerollt, als sie mir
vertraulich mitteilte: „Liebes Kind,
bei mir musst du nicht beten."

Ich war irritiert. Es war ja ihre
vermeintliche Frömmigkeit, warum ich
mit ihr in die noch geteilte und doch
riesige Stadt Berlin fahren durfte. Es
war die Barmherzigkeit meiner Mutter,
die das Gepäck so umfangreich gemacht
hatte. Sie teilte mit der armen Tante.
Hatte eines ihrer besten Kleider aus dem
Schrank genommen und der Tante
geschenkt.

Wenn meine Mutter gewusst hätte, dass das brave, dunkelblaue Wollkleid direkt in der Kleiderkammer vor irgendeinem gemeinnützigen Verein landen würde, sie hätte wohl ihr Frommsein vergessen und laut losgeschimpft.

Aufregend war die Fahrt durch die DDR. Für meine Tante besonders, da sie bis zum Rentenalter in Ostberlin gelebt hatte. Dann hatte sie die Scheidung von ihrem Ehemann eingereicht. Ihn, die gemeinsamen Kinder, sowie die ersten beiden Enkelkinder verlassen um nach Westberlin zu ziehen. So hatten ihre „Hinterbliebenen im Osten" weniger Schwierigkeiten, weil offiziell der Kontakt abbrach.
Doch auch das ist wieder eine Geschichte für sich.

Heute will ich ja erzählen, wie es mir, dem Mädchen vom Dorf in der großen Stadt ging.

Zum ersten Mal in meinem Leben durfte ich ohne Kontrolle losziehen. Eine riesige Stadt erkunden. Herzklopfen hatte ich nur vor Aufregung.
Für Angst war ich zu jung.

In den Momenten, in denen ich mich hätte fürchten müssen, war ich vom Alkohol und der neuen Freiheit betrunken. Die liebe Tante hatte mir einen Haustür- und einen Wohnungsschlüssel gegeben und mir sehr deutlich gemacht, dass sie mich nicht kontrollieren oder ausschimpfen würde, egal was ich tun würde.
Nur von Kreuzberg sollte ich wegbleiben, weil es da etwas gefährlich sei.

Natürlich landete ich in meiner zweiten Berliner Nacht, genau dort. Ich war im Panoptikum gewesen. Alleine gab ich mich dieser faszinierenden Kunstwelt hin. Fiel auf, nicht nur weil ich jung und sogar hübsch war, sondern weil ich relativ lange durch die Ausstellung wanderte. Ich konnte mich gar nicht lösen vom Anblick der Marlene Dietrich, die vor mir stand, als würde sie nicht nur leben, sondern mit mir reden wollen. Aber auch Josefine Baker war ein unvergesslicher Anblick und Charlie Chaplin in greifbarer Nähe zu haben, fühlte sich an wie ein Traum.

Ich suchte jemanden vom Personal, weil ich unbedingt wissen wollte, ob es auch „Dick und Doof" im Museum gäbe.

Der junge Mann lachte mich an und führte mich nochmals durch die ganze Ausstellung. Mit seinem Berliner Humor war er besser als Dick und Doof zusammen. Und er lud mich ein, ihn nach Feierabend am Personaleingang abzuholen. Er wollte mir ein paar echte Berliner Kneipen zeigen. Natürlich war ich pünktlich zur Stelle. Der Kudamm ist ja nicht so unübersichtlich, dass man prägnante Punkte nicht wiederfinden konnte. Außerdem hatte mir die liebe Tante einen Stadtplan gegeben. Ich habe ihn sogar noch…. Irgendwo in meinen Papierkisten in denen ich viel zu viel aufhebe.

Nun denn, so kam ich nach Kreuzberg und dort von einer originellen Kneipe in die andere. Das ganze endete in einer alternativen Wohngemeinschaft. Dort lief eine echt gute Party, während ein paar Fleißige versuchten Renovierungsarbeiten auszuführen. Mitten in der Nacht!

So etwas Wildes und ich muss heute sagen, harmlos Fröhliches, hatte ich noch nie erlebt.

Aus Vorsicht hatte ich wenig Alkohol getrunken und konnte gut beobachten. Betrunken war ich vor Glück.

Keine Sekunde fühlte ich mich unsicher. Aber als ich sah, dass einer an einer defekten Steckdose hantierte, nahm ich

ihm das Werkzeug aus der Hand. Immerhin war ich Auszubildende im Elektrohandwerk.
Und weil ich die Steckdose reparieren konnte, wurde ich als Heldin des frühen Morgens gefeiert. Irgendwann waren dann doch alle müde und man legte sich hin wo Platz war. Auch ich schlief ein paar Stunden, bis ich zum Duschen und Kleiderwechsel zur Tante fuhr.

Das U-Bahn System hatte ich kapiert und dank des Stadtplanes bewegte ich mich im unbekannten Umfeld relativ sicher.

Neugierig fragte die Tante mich aus und ich erzählte ihr alles. Sie schlug die Hände über dem Kopf zusammen, doch sehr theatralisch und gar nicht streng.

Und so ging es weiter. Des Tags Museen und Kultur, die Nächte in Kneipen.

Nur einmal wurde es brenzlig, weil ich einen Polizeihund streicheln wollte, der nach mir schnappte. Später stellte sich heraus, dass der Hundeführer wesentlich gefährlich war als der Hund.

Es müssen wohl viele Schutzengel da gewesen sein, die mich in der Nacht vor Unheil bewahrten. Oder war es, weil ich ihm erzählte, dass mein Onkel auch Polizist ist? Dabei war Onkel Werner gar kein richtiger Onkel, sondern der ehemalige Untermieter meiner Oma.

Noch heute schwärme ich für unsere Hauptstadt und will da unbedingt mal wieder hin, wenn auch nicht zur Tante, sondern zur Autorin Heike Avsar und auf den Friedhof zu Christel Tiesler, die ich auch damals kennen lernte.

Mutig sein,
wenn man alleine
in einer großen Stadt ist,
auch wenn man aus dem
größten Dorf kommt.

$^o_x{}^o$

***

Jeder

Jeder Druck
erzeugt Gegendruck.

Jeder Widerstand,
braucht Widerstand,
um zu bestehen.

Jede Spannung
besteht aus
einem Mangel
und einem Überschuss.

Dynamik ist lebenswichtig,
Veränderung Gesetz.

Woher dann die Sehnsucht
nach vollkommener Ruhe,
nach Stillstand,
wenn alles gut ist?

Kartengruß

Ein Kartengruß
nur ist es,
der Dich erreicht.

Wo ich Dich gern
umarmen möchte,
ist diese Karte
ein Ersatz.

Ein Dankeschön
für all die Male,
die Du mir
zugehört nur hast.

Mut, sich endlich
einmal, ganz einfach,
zu bedanken.

Kontakt
Sperre

Es gibt Menschen,
bei denen gilt:

Keinen Kontakt
mit ihnen zu haben
ist besser,

als vernünftige
Berührungspunkte zu suchen.

Mut, sich
gegen Ungutes
zu sperren.

Leben mit Gott

Mein Leben ist ein Übergang,
von einem Glück
zum nächsten.

Bei allen Höhen,
Tiefen auch,
hab ich es gut getroffen.

Mein Leiden war
erträglich noch,
wo es mir unerträglich schien.

Mein Leiden führte mich,
stets in ein neues Sein.

Leben mit Gott
braucht Mut,
einfach zu glauben.

Liebesgeschäft

In Liebe und Dankbarkeit
alles gehen lassen,
damit es zurück kommt?

Ist es dann Liebe
oder ein liebes Geschäft,
ein Handel mit Gewinnerwartung?

Mut zur
bedingungslosen
Liebe

°ₓ°
***

Marie bleibt

Sauberkeit und Ordnung war oberstes Gebot auf der Station 17, in der geschlossenen Abteilung für ältere, psychisch kranke Menschen. Der Stationsleiter herrschte in seinem ausbruchssicheren Reich wie ein guter, strenger König. Er nahm alles sehr ernst und genau, erfüllte alle Vorschriften, wollte das Beste. Sein Übereifer führte ihn in einen Burnout, der sich gewaschen hatte.

Als er sich krank meldete, gab es keinen Ersatz für ihn. Nur Schwester Marie war bereit die Leitung der Abteilung zu übernehmen, obwohl sie dafür eigentlich gar nicht qualifiziert war und. Wegen des Personalmangels drückte man bei der Klinikleitung mehr als ein Auge zu und so begann eine abenteuerliche Zeit für Marie, aber auch für die Patienten.

Die kleine, zierliche Ordensschwester versuchte am Anfang alles so zu machen, wie ihr Vorgesetzter das gemacht hatte. Bald erkannte sie, dass auch sie in einem Burnout landen würde, wollte sie alles perfekt machen.

Sie betete um Weisheit und bekam das Gefühl, dass sie einfach nur mehr Gelassenheit und Gottvertrauen braucht.

Okay, sagte sie und nahm es nicht mehr so genau mit der Ordnung. Jeder durfte schlafen, wann er wollte, wo er wollte und ja – mit wem er wollte.
Es gab viel Kuscheln und weniger Unruhe. Essen gab es dann, wenn sie es verteilte oder wenn jemand Hunger hatte. Die wenigen Besucher, die kamen, tauchten ein in ein Abenteuerland. Schrankzelte und Stuhlburgen, Kleiderhaufen und Versteckspiele.

Irgendwie ein Kindergarten, ein skurriler Lebensort, in dem das Sterben gefeiert wurde wie ein Geburtstag.

Der tote Mensch bekam seine schönsten Kleider an und wurde beschenkt um dann in den Himmel geschickt zu werden. Der Himmel, der war hinter der verschlossenen Eingangstüre.

Dort war der Himmel, aus dem das Essen gebracht wurde, von dort kam die frisch duftende Bettwäsche.

Marie erklärte das ihren Patienten immer wieder. Und auch die seltenen Besucher kamen für die Patienten aus dem Himmel. Sie erzählten Seltsames, von Früher und von Draußen.

Die Bewohner, die lichte Momente hatten, begriffen das Spiel und spielten mit Begeisterung mit. In ihren Gehirnen bildeten sich teilweise vollkommen neue Synapsen, weil sie nicht daran gehindert wurden Dinge zu tun, die ihnen Freude machten. Sie halfen Marie wo und wie sie konnten. Fütterten ihre Mitpatienten, halfen bei allen Routinearbeiten auf der Station, die immer häufiger von Lachen erfüllt war.

Als der Stationsleiter nach drei Monaten seine Abteilung betrat, konnte er es kaum glauben. Doch er schlug nicht entsetzt die Hände über dem Kopf zusammen, sondern erkannte die Chance in der Veränderung, die stattgefunden hatte.

Gemeinsam hielten sie das Menschenbiotop am Leben, zum Lieben und am Lachen.

Eine rein fiktive Geschichte ohne Fachwissen verfasst. Die Autorin war vor vielen Jahren Laienhelferin in der Fachklinik Landeck.

Misophonie

Misophonie, das Wort
klingt wie ein Lied,
doch ist es bittere Qual.

Geräusche
werden Folterinstrument,
das Gegenüber deren Knecht.

So unbekannte das Wort,
die Krankheit unermesslich,
der Schaden an der Seele
abgrundtief.

Weghören ist unmöglich,
wegsehen unerwünscht.

Der Weg der Heilung
ist nicht leicht,
doch erreichbar
ist die wohltuende Normalität.

Mut zur Heilung.

Misserfolg

Misserfolg
einfach wegstecken?
Verstecken?
Vergessen?

Nein!
Das Ziel neu stecken.
Den Misserfolg verstehen.
Das Misslungene nutzen,
sichtbar machen,
als Stufe der Entwicklung.

Auf dieser Stufe stehen,
stolz wie ein Sieger,
der auch den
Misserfolg verkraftet.

Mut,
zum neuen
Versuch.

Mühe

Der sich recht Mühe gibt
fühlt sich ungerecht
behandelt,
wenn dem anderen,
dem Leichten,
dem Leichtsinnigen,
Dinge zufallen
von denen er selbst
nur träumt.

Mut, sich mal
nicht zu mühen.

Nein sagen

Es braucht oft Mut,
um Nein zu sagen,
aber auch Übung,
vor dem Spiegel,
vor dem Kühlschrank,
beim Bäcker,
bei der Versuchung
in jedweder Form.

Mut zum NEIN.

Neidlos

Wer mit dem,
was er hat,
vollkommen
zufrieden ist,

wer den wirklichen Wert
der Dinge begreift,
kann sich neidlos
an dem freuen,
was andere besitzen.

Mut, sich neidlos
zu freuen,
wie ein junger Hund,
auch wenn es niemand
versteht.

Oder

Entweder - Oder
Eine doppelte
Unsicherheit
ist wie der
Tanz auf dem Seil
#

Mut
nein zu sagen
zu diesem Tanz
der nicht immer
glücklich macht.

°ᵪ°
***

PARAT HABEN

Das rechte Wort,
es war nicht parat,
als ich es brauchte.

Das passende Werkzeug,
es war nicht parat,
als etwas zerbrach.

Der notwendige Mut,
auch er war nicht parat,
als der Hilflose geschlagen wurde.

Mut, das Richtige
parat zu haben,
auch wenn es
mal die Fäuste sind.

Postbote mit Herz

Die alte Frau tat ihm Leid, dem Postboten Heinz, der seinen Beruf mit Leidenschaft auslebte. Nie bekam sie persönliche Post. Rechnungen und Werbung waren die Dinge, die er ihr in den Briefkasten schieben konnte.

Im Sommer stand sie immer schon an der Straße bereit, damit er nicht aus dem gelben Auto steigen musste. Mit einem lieben Lächeln im Gesicht und einem stets freundlichen Gruß nahm sie die Post entgegen, als ob er ihr den heißersehnten Liebesbrief bringen würde.

Doch nun war Winter und der eiskalte Wind trieb jeden Menschen zurück in sein Haus. Trotzdem stand die alte Frau an der Straße und wartete offensichtlich auf ihren Postboten.

In der Hand hielt sie eine Postkarte
mit Weihnachtsmotiv.
„Die haben sie gestern versehentlich
bei mir abgegeben."
Das war Heinz lange nicht passiert, dass
er etwas verkehrt ausgeliefert hatte.
Er schaute auf die Adresse und erkannte
warum ihm das hier passiert war.

Die alte Frau hieß Lucie Otto. Die
Postkarte war an Otto Luffie adressiert.
Der wohnte im Altenheim. Selten bekam
er Post. Er sah den alten Mann vor sich,
wie er sich freuen würde, wenn er die
Weihnachtskarte erhielt. Und er
erzählte genau **das** der alten Dame,
die so einsam in ihrem Häuschen lebte.
Ja, er ging noch weiter und empfahl ihr,
dem ihr Unbekannten zu schreiben.
Schon am nächsten Tag überreichte sie
ihm lächelnd eine uralte
Weihnachtskarte die an Herrn Otto
Luffie adressiert war. Die Briefmarke war
ungestempelt, aber ebenfalls uralt und

schon lange klebte man keine Fünfzig-Pfennig-Marke auf eine Postkarte. Doch er nahm die Karte entgegen und stellte sie persönlich zu.

Das war in der Woche vor dem dritten Advent gewesen.
Bis zum Dreiundzwanzigsten Dezember hatte er täglich einen Brief hin und eine Karte her getragen. Was für einen Spaß hatte ihm das gemacht.

Am Morgen des Vierundzwanzigsten endlich überbrachte er ihre Einladung zum Abendessen. Otto freute sich über beide Ohren und bat Heinz, seine Zusage sofort zu überbringen. Trotz der Zeitnot, die jeder Postbote um die Weihnachtszeit erlebt, tat er ihm den Gefallen. Das war am Samstag. Kaum konnte er den Dienstag erwarten.

Er würde belohnt werden, mit zwei strahlenden alten Menschen, die sich

nicht gesucht, aber gefunden
haben würden.

Mut, nicht nur über seinen
Schatten zu springen,
sondern auch
Vorschriften zu umgehen,
wenn sie der Menschlichkeit
im Wege stehen.

Qual

Das es eine Qual
sein kann zu leben,
weiß jeder,
der mal krank war.

Das es eine Qual
sein kann zu sterben,
weiß mancher,
der einen Sterbenden
begleitet hat.

Das die Qual
der Wahl
unmenschlich
werden kann,
weiß, wer sich
nicht entscheiden kann.

Mut, die Qual
zu ertragen.

Rührung

Wenn wir uns gegenseitig
zu Tränen der Rührung
bewegen,
sind wir auf der richtige Spur
für eine Welt voller Menschlichkeit.

Karin Hartel 23.8.23
für Friederike Kroitzsch
und ihren www.LandLebenBlog.org

Mut,
sich berühren
zu lassen.

°x°
***

Schnell schnell

Schnell höre ich
höre dir zu
Schnell erhole ich mich
vom Gehörten

Schnell rede ich
viel zu viel
Schnell ermüde ich
vom Kaumverdauten

Schnell lebe ich
von Termin zu Termin
von Blüte zu Blüte
wie ein Kolibri

Mut
zur Schnelligkeit.

Schönes sehen

Seh ich was Schönes,
Altbewährtes,
liebevoll gebettet
in Blumenpracht,
dann kann ich nicht.

Ich kann nicht anders,
als stammelnd
Worte finden
zu würdigen
die Pracht.

Karin Hartel Oktober 2023
für die fb Gruppe „Altes u. Antikes im Garten"

Mut, das Schöne
in seiner Vergänglichkeit
zu sehen.

***

Süchtig

Süchtig nach Schönem,
Buntem, Duftendem,
erforsche ich den Garten,
den fremden
auf der Suche nach Heimat.

Mutig auf
die Suche gehen.

Stille

Stillstand im Gewässer
bringt Sterben.

Doch durch den Prozess der Verrottung
kommt wieder Leben in die „Bude".

Die Dynamik von Leben und Sterben
ist unaufhaltsam.

Mut zur Dynamik.

Mut,
der Stille zu entsagen,
der hochgelobten
unmöglichen,
vollkommenen
Stille.

Sterben

Du konntest leben
ohne Gott.

Du konntest lieben
ohne Gott.

Doch kannst Du sterben
ohne Gott?

Mut,
im Angesicht
des Todes
lebenslange
Überzeugungen
zu überdenken.

Sein lassen

Den anderen so sein lassen,
wie er ist.

Nichts an ihm ändern wollen,
betrachten, was ist,
was es mit mir macht,
das Verhalten des anderen.

Das was mich stört an ihm,
stammt vermutlich von
einem anderen
aus einer anderen Zeit,
die vergangen ist,
heute nicht mehr wichtig.

Ich muss sie nicht aufstöbern,
alten Dreck aufwühlen,
mich darin suhlen
und im Selbstmitleid.

Mich sein lassen,
so wie ich bin.

Mich beobachten,
wie man ein Kind beobachtet,
dem man helfen will,
mit Verständnis begegnet.

Seine – meine – Besonderheiten
erkennen
anerkennen
in ein erträgliches Maß bringen,
menschenverträglich werden.

Einfach

Manches wird ganz einfach,
wenn man es einfach anpackt.

Klarheit

Klar sehen
ganz ohne Filter

Klar sehen
ganz ohne Vorurteil

Klar sehen
ganz nüchtern betrachten

Klar sehen
gütig sein
mit sich und der Welt

Freiheit leben

Die eigene
und die des anderen

Freiheit lieben
die eigene
und die des anderen

Schnittmengen
erkennen
anerkennen
meiden
wenn sie zu scharf sind.

Mut, auch
zweischneidige
Messer zu benutzen.

Sicherheit

Die besten Sicherungsanlagen
erkennt der Fremde
nicht als solche.

Lilo Hartl

Mut, sich abzusichern,
auch wenn es keinen
Spaß macht.

Sicherheit
Ich dachte ich sei in Sicherheit

Mein dreizehnter Geburtstag war vorübergegangen wie ein fast normaler Tag. Mama war krank, wie immer. Papa musste arbeiten, wie immer. Meine Schwestern waren mit sich beschäftigt. Alles wie immer.

Ich weiß nicht mehr ob es überhaupt einen Kuchen gab. Von Papa hatte ich Geld bekommen um mir einen Herzenswunsch zu erfüllen. Ich kaufte mir nichts, sondern legte das Geld in meine Schatzkiste, die ich sehr gut versteckt hielt. Es war mein höchstes Glück, wenn ich in aller Heimlichkeit mein Erspartes zählte. Es gab mir das Gefühl von Sicherheit.

Mit diesem Geldgeschenk nun hatte ich ganze eintausend Mark beisammen. Wie eine Königin fühlte ich mich. Eine verzauberte, die sich noch nicht zeigen durfte.
Ich war ein Mädchen, welches das Spielen schon lange verlernt hatte. Seit drei Jahren kümmerte ich mich um den Haushalt. Wenn ich zur Schule ging, war alles aufgeräumt, oft sogar schon der Boden gesaugt.
Wenn der Unterricht in der Schule interessant war, ging es mir gut. Besonders mathematische

Aufgaben liebte ich und das Schreiben von Aufsätzen. Wenn dagegen ein Lehrer langweilig das Wissen vermittelte, kribbelte es in mir.
Zuhause gab es soviel Wichtiges zu tun.
Hausarbeit, aber auch an Papas Schreibtisch.
Seit ein paar Wochen durfte ich sein Kassenbuch führen, seine Kundenbelege und Kontoauszüge abheften. Es dauerte noch drei Jahre bis er mir sogar eine Bankvollmacht erteilte und ich selbstständig Überweisungen für ihn tätigen durfte. Unglaublich. Da war ich sechzehn.

Am liebsten ging ich ans Telefon. Eifrig notierte ich den Kundenname, die Adresse, das Anliegen.
Ernst versprach ich den Anrufern, dass ich meinem Vater alles ausrichten würde.
Seit drei Jahren hatte sich Papa als Kundendienst für elektrische Haushaltsgeräte, selbstständig gemacht.
Weil Mama damals kränker wurde brauchte er einen Job mit flexibler Arbeitszeit. Ihm schien die Selbstständigkeit der einzige Ausweg, um flexibel genug zu sein, sowohl Geld zu verdienen, als sich auch um Mama und uns drei Kinder zu kümmern.

Ich war Feuer und Flamme, als wir am 1.3.1971 in den zwei Autogaragen unsere kleine Firma **ELEKTRO-HARTEL** eröffneten. Im gleichen Jahr verkaufte ich auch meine erste Waschmaschine. Eine Zanker VA 481 L, das weiß ich noch genau. Die Prospekte der Firma hatte ich auswendig gelernt. Alle technischen Daten konnte ich herunter beten. Die Kunden waren nachmittags gekommen, Papa noch nicht zu hause. Sie hatten entschieden bei dem Handwerker ihres Vertrauens eine neue Waschmaschine zu kaufen.

Es ging nur darum welches der drei Modelle sie nehmen würden. Mehr stand bei uns nicht zur Auswahl. Ich weiß es war noch die VA 435 da. Doch die machte nur 650 Schleudertouren. Die VA 481 L dagegen brachte es auf 850 Trommelumdrehungen pro Minute. Dann gab es noch ein Luxusmodell mit 1000 Touren. Das war die 491, glaube ich. Die verkauften wir selten.

Diese Geschichte geht natürlich weiter und weiter und weiter. Einen Teil der Fortsetzung hälst Du, lieber Leser, gerade in Händen.

Was noch in meinem 13.Lebensjahr geschah, das was mich nachhaltig schädigen würde, kann ich noch nicht veröffentlichen, weil es mir zu schwer erscheint.

Noch fehlt mir der Mut, das zu erzählen.
Es braucht noch Mutmacher in meinem Leben.
Davon hat man nie genug.

Lilo Hartl

Hilfe annehmen

Hilfsangebote erkennen,
die gesunden von den kranken,
den krankmachenden,
den opferbereiten
unterscheiden.

Die Hilfe,
die mich in der Hilflosigkeit hält,
ist keine Hilfe.

Vielleicht sogar
die Nahrung für den,
den sein Helfersyndrom
in seinem Netz
gefangen hält.

Fliehen,
wo Hilfe krank
und abhängig macht.

Hin zu den Helfern,
die mich lehren
zu laufen
auch mal
weg zu laufen.

Hinlaufen
hinein springen
in das Netz,
das auffängt
und Mutiges zulässt,
ohne doppelten Boden.

Mut, nicht jede
Hilfe anzunehmen.

Direkt

Ohne Umwege
hin zum Glück
Mutig durchstarten
immer wieder

Mut zur Direktheit.

Fehlstart

Fehlstart ist Vorlage
für Neuversuch

Mut,
immer wieder
zu starten.

Einfach

Einfach ordnen
einfach sichern
oder doch doppelt?

Mut,Mut,Mut

Selbstheilung
wollen
zulassen
beobachten

Mut,
sich selbst zu trauen.

Umleitung

Verlange nichts,
erwarte wenig,
bekomme alles.

Nicht alles
was du willst,
aber was du brauchst.

Mut, sich auch mal
umleiten zu lassen.

Übersicht

Übersehe das Böse
schau einfach nicht hin
schalte ab
mit dem Wissen
das es das gibt.
Das ist genug

Übersehe das Böse
Geh nicht drüber hinweg,
aber schaff es Dir
aus den Augen
und aus dem Sinn.

übervoll

Unser Leben übervoll
mit Dingen und Wissen
über Gott und die Welt.

Unser Leben übervoll
von Informationen
die uns arm
aussehen lassen
in unserem
unsinnigen
übervollen
Leben.

Mut, der Fülle
zu entsagen.

Unbefriedigend

Unbefriedigend,
das Gespräch mit dir.

Mangelhaft,
das Ende der Freundschaft.

Ausreichend die Einsicht,
dass die Freundschaft nur gut ging,
so lange ich mich angepasst habe,
dir und deinem Denken.

Befriedigend das Gefühl,
dass ich mich nicht mehr anpasse.

Gut die innere Ruhe.

Sehr gut,
der Neubeginn ohne dich.

Mut zur Benotung.

Völlerei

Voller Tatendrang
in den neuen Tag,
auch wenn der gestrige
verregnet war
und voller Schmerzen.

Voller Hoffnung
in den Rest des Lebens,
auch wenn das Ende in Sicht,
die Vergangenheit
nicht immer rosig war.

Voller Vertrauen auf Gott,
das ALLES einen Sinn hat.

Mut zum vollen Leben.

Vorfreude ist doch eine der
schönsten Freuden.

Was ist die Summe aller Freuden,
die **Du** Dir denken kannst?

Versuch

Wer nichts versucht,

weiß nicht, was er kann.

Wer nicht scheitert,

weiß nicht, wie sich

Gewinn wirklich anfühlt.

Vergebung

Vergebung geschieht
manchmal im Traum

Sie kann so wohltuend sein
dass man sie geschehen lässt

Und der Heilung auch im
Wachzustand eine Chance gibt.

Mut zur Vergebung

$^o\chi^o$
***

Wogen

Die Wogen glätten,
die mich zu hoch heben,
himmelhoch jauchzend,

die Wogen,
die mich fallen lassen
in tiefdunkle Täler.

Die Wogen glätten,
mit Tabletten?
Mit Alkohol?
Mit Gebet?

Mut haben, nicht den
einfachsten Weg
zu gehen.

Wie von selbst

Wie von selbst
fügt Wort an Wort
sich wundersam

Wie von selbst
Gedankenflug so bunt
so herrlich frei

Wie von selbst
lebt sich das Leben
in mir, um mich, durch mich

Mut
zum
Abheben.

°ₓ°
***

Weite

Wer den Blick
für das Schöne hat,
dem ist das Kleine groß,
das Große wird ihm so klein,
dass er es im Herzen tragen kann.

Karin Hartel für Claudia Hartl,
die soooo schöne Gedichte schreibt.
Ihre Seite in facebook heißt
Rückenwind.

Mut,
sich mit Freunden
zu treffen,
und wenn es nur
im Internet ist.

Xenophobie

Es klingt wie eine Krankheit
Es klingt so ganz schön fremd
Es klingt nach Wissenschaft

Der Hass hat viele Namen
auch dieser ist dabei.

Wer Fremdes hasst,
obwohl er es nicht kennt,
ist doof.

Wer Fremdes hasst,
weil er es meint zu kennen,
belügt sich selbst.

Mutig gegen
Fremdenhass.

Zielscheibe

Zielscheibe sein
ist keine Position
für jemanden
der frei und glücklich
leben will.

Mut,
sich in Sicherheit
zu bringen,
immer wieder.

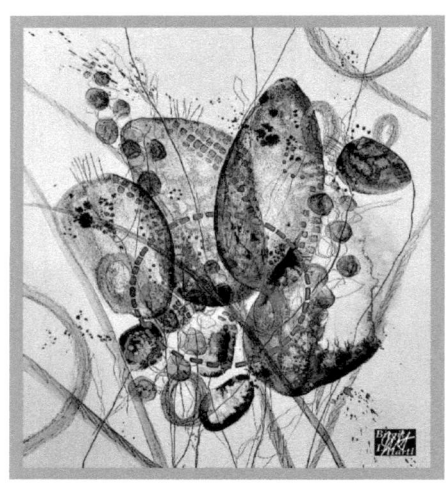

Zu schnell

Wer zu schnell
ans Ziel will,
verfehlt es
unter Umständen
vollkommen.

Mut zur Langsamkeit

Danke

Danke dem Internet, in dem ich immer wieder wunderbare Menschen, wie Birgit I.Hartl finde, die mein Leben und Denken bereichert.

Das Teilen reich macht, erwähnte ich bereits, ich glaube ich einem der vorangegangenen Bücher.

Schon im Vorfeld, habe ich den Inhalt des vorliegenden Buches mit Freunden geteilt und manches verbessert. Trotzdem wird sich der ein oder andere Fehler eingeschlichen haben und das ist erlaubt, denn perfekt ist nur der liebe Gott und der hat uns Menschen erschaffen. Also doch nicht perfekt?

Minigalerie Birgit I. Hartl

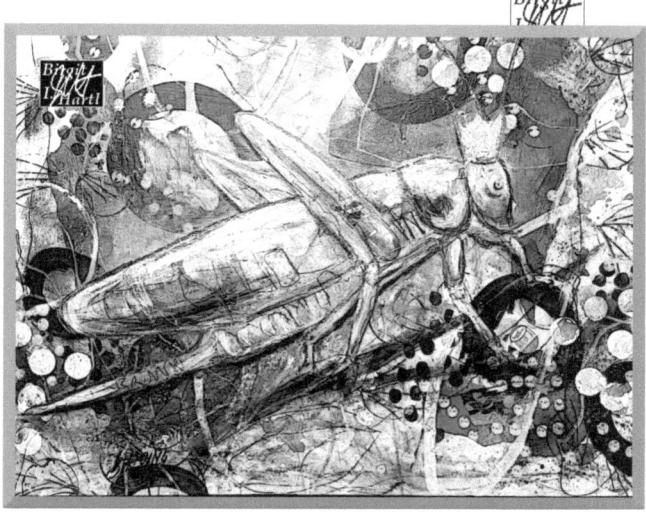

Ganz schön grimmig

Farbenfroh
kommen
die Originale daher.

Bisher bei BoD erschienen

Wahllose Lyrik Band 1
ISBN 9 783 753 406 428
Coverbild Goldfisch in blau

Wahllose Lyrik Band 2
ISBN 9 783 755 749 738
Coverbild Blaue Federn

Wahllose Lyrik Band 3
ISBN 9 783 756 828 784
Hornissennest geblaut

Wahllose Lyrik Band 4
ISBN 9 783 757 888 022
Käfer Erich mit Klavier
auch von Birigit I.Hartl

Wahllose Lyrik Band 5
ISBN 9 783 758 328 596
Tagebuchseite blau

Wahllose Lyrik Band 6
Sie kann auch böse sein
ISBN 9 783 758 315 060
Rotes Herz auf Blau

Neue Reihe

Mut zum Leben Band 1
Einfach Leben
ISBN 9 783 759 719 805
Coverbild „Gesichter"
von Anita Hatfield

Das vorliegende Buch
Mut zum Leben Band 2
Einfach teilen
Bebildert von Birgit I.Hartl

Mut zum Leben Band 3
Einfach los gehen
Ist in Arbeit mit Bildern
von Anita Hatfield

Da nach dem Lektorat von Andrea Winkler
www.lektorat-waldeule.com
nochmals gravierende Änderungen in den
Texten stattgefunden haben,
ist die Lektorin an den neuen Fehlern,
die sich vielleicht eingeschlichen haben,
vollkommen unbeteiligt.
**Ein paar Fotos von Lilo Hartl
haben sich auch noch eingeschlichen.**